선생님,
친일파가
뭐예요?

선생님, 친일파가 뭐예요?
제1판 제1쇄 발행일 2023년 6월 25일
제1판 제2쇄 발행일 2024년 5월 11일

기획 | 책도둑(김민호, 박정훈, 박정식)
글 | 김삼웅
그림 | 방승조
디자인 | 이안디자인
펴낸이 | 김은지
펴낸곳 | 철수와영희
주소 | 서울시 마포구 월드컵로 65, 302호(망원동, 양경회관)
전화 | 02-332-0815
전송 | 02-6003-1958
전자우편 | chulsu815@hanmail.net
등록 | 제319-2005-42호
ISBN 979-11-88215-90-4 73910

ⓒ 김삼웅, 방승조 2023

* 이 책에 실린 내용 일부나 전부를 다른 곳에 쓰려면 반드시 저작권자와 철수와영희 모두한테서 동의를 받아야 합니다.
* 잘못된 책은 출판사나 처음 산 곳에서 바꾸어 줍니다.
* 철수와영희 출판사는 '어린이' 철수와 영희, '어른' 철수와 영희에게 도움 되는 책을 펴내기 위해 노력합니다.

어린이제품 안전특별법에 의한 기타 표시사항
제품명 도서 | **제조자명** 철수와영희 | **제조국명** 한국 | **전화번호** (02)332-0815 | **제조연월** 2024년 5월 | **사용연령** 8세 이상
주소 04018 서울시 마포구 월드컵로 65, 302호(망원동, 양경회관)
주의사항 종이에 베이거나 긁히지 않도록 조심하세요. 책 모서리가 날카로우니 던지거나 떨어뜨리지 마세요.

선생님, **친일파**가 뭐예요?

글 김삼웅 | 그림 방승조

철수와영희

[머리말]

친일파를 바로 알아야 합니다

해방 80여 년이 되는 지금까지 친일파는 국민의 공분을 사고 있습니다. 우리 사회에는 아직도 일제의 식민 통치를 미화하고 긍정하는 자들이 적지 않습니다. 각계에 포진하고 있어요. 바로 '신친일파'들이지요. 과거 조선인 탄압과 강제 동원 등 일본의 죄상을 부정하면서 일본의 독도 영유권 같은 억지 주장에 편들거나 일본의 신군국주의화와 역사 교과서 왜곡에 동조하는 자들입니다.

일제는 1910년 우리나라를 침략하고 식민지로 만들었습니다. 당시 일제의 앞잡이가 된 매국의 무리가 있었어요. 일제가 던져 준 감투나 돈에 눈이 멀어 나라와 겨레를 배반했습니다. 이런 자들은 보통 매국노·부역자·반역자 등으로 불립니다. 이 책에서는 일괄하여 '친일파'라고 지칭합니다.

친일파는 나라의 반역자들입니다. 이 책을 통해 친일파가 어떤 과정을 거쳐 태어났고, 그들의 악행이 무엇인지 살펴보려고 합니다. 해방 후에 친일파

가 청산이 안 된 이유와 여전히 우리 사회에서 기득권을 유지하는 그들의 정체, 제2차 세계 대전 후 대부분 나라가 과거 청산을 했는데도 유독 우리만 그러지 못한 이유 등을 알아봅니다.

우리가 역사를 공부하는 것은 과거를 통해 현재를 살피고, 그 바탕에서 미래를 설계할 수 있기 때문입니다.

"역사를 기억하지 못한 자, 그 역사를 다시 살게 될 것이다."

폴란드 아우슈비츠 수용소 입구 팻말에 쓰인 철학자 조지 산타야나의 말입니다.

지난 세기 이래 우리에게 많은 해독을 끼친 친일파의 계보와 생성 과정 그리고 그들의 행위를 아는 일은 매우 중요합니다. 잘못된 역사를 되풀이할 수는 없기 때문입니다. 이 책이 도움이 되었으면 합니다.

2023년 6월
김삼웅 드림

머리말 친일파를 바로 알아야 합니다 ·············· 6

1
친일파의 탄생

1. 친일파가 왜 문제인가요? ·············· 16
2. 대한제국은 어떻게 일본의 식민지가 되었나요? ·············· 19
3. 을사오적은 누구인가요? ·············· 22
4. 병탄 조약은 왜 무효인가요? ·············· 26
5. 경술국적은 누구인가요? ·············· 29
6. 원조 친일파는 누구인가요? ·············· 31

2
일제 침략에 동참한 조선인

7. 일제에 협력한 친일 매국노에는 또 누가 있나요? ········· 36
8. 명성황후 살해 관련 친일파는 누구인가요? ············· 39
9. 왜 '한일 합방'이 아니라 '한국 병탄'인가요? ············· 42
10. 일제는 한반도를 어떻게 지배했나요? ··············· 45

3
민족을 배신한 사람들

11. 일제 강점기 악질 친일파는 누구인가요? ········· 50
12. 독립운동을 하다가 친일파가 된 사람은 누구인가요? ········· 54
13. 일제 강점기 대표적인 친일 정치인은 누구인가요? ········· 59
14. '의사'와 '열사'의 차이점은 뭔가요? ········· 63
15. 왜 '야스쿠니 신사'에 참배하면 안 되나요? ········· 66

4

멀고 먼 역사 바로 세우기

16. 반민 특위는 왜 해체되었나요? ······ 72
17. 해방 후 이승만은 왜 친일파를 감쌌나요? ······ 76
18. 왜 박정희 정부는 일본과 굴욕 회담을 했나요? ······ 79
19. 다른 나라는 과거 청산을 어떻게 했나요? ······ 83
20. 왜 '3·1 운동'이 아니라 '3·1 혁명'인가요? ······ 86

5

국민적·역사적 과제, 친일파 청산

21. 일본은 왜 강제 징용 피해 등에 배상을 안 하나요? ········· 92
22. 일제 강점하 반민족 행위 진상 규명에 관한 특별법이 뭔가요? ··· 95
23. 『친일인명사전』은 어떻게 만들어졌나요? ········· 98
24. 독립운동가 후손과 친일파 후손은 어떻게 살고 있나요? ········· 101
25. 애국가를 친일파가 작곡했다는데 정말인가요? ········· 104
26. 국립묘지에 친일파가 묻혀 있다는데 정말인가요? ········· 107

선생님,
친일파가
뭐예요?

1

친일파의 탄생

1 친일파가 왜 문제인가요?

　친일파란 일제가 우리나라를 강탈하여 국민을 노예로 삼고 자원을 약탈하던 일제 강점기에 일제 편에 서서 민족을 배반한 자들을 일컫습니다. 엄격한 의미에서는 매국노·부역자·반역자 등이라 말할 수 있지만, 일반적으로 '친일파'라고 부릅니다.
　조선 왕조 말기, 그러니까 대한제국 시대이지요. 서양 세력이 아시아로 밀려올 즈음, 청국(중국), 러시아, 일본, 미국, 영국, 프랑스, 독일이 우리를 넘봤어요. 그래서 조정에서는 친청파, 친러파, 친일파, 친미파, 친영파, 친불파, 친독파가 생겼습니다.
　'친○파'는 원래 그들 나라와 친하게 지낸다는 뜻이지요. 하지만 우리나라에서 '친일파'는 이와 같은 선의의 외교적 용어하고는 크게 다릅니다.
　일제는 무력으로 우리나라를 빼앗고 1905년 을사늑약 이후 40년,

1910년 경술국치 이후로 치면 35년을 세계 역사상 유례없는 혹독한 통치로 수탈을 일삼았지요. 따져 보면 오늘의 남북한 분단도 일제의 식민 통치가 남긴 유산입니다.

  친일파는 일제 침략 세력에 빌붙어 매국노가 되고 그들의 앞잡이 노릇을 하고, 더러는 독립운동가와 일반 백성을 탄압하고 살육한 사람들입니다. 그 시절 독립운동가도 적지 않았지만, 친일파도 많았어요. 독립운동가들과 국민들은 한결같이 해방이 되면 친일파를 엄중히 처단해야 한다고 다짐했습니다. 그러나 이러한 염원은 이루어지지 않았습니다.

1945년 해방이 되었으나 외국어 능력, 정보, 인맥, 재산 등에서 유리했던 친일파가 다시 미군정에 참여하고, 뒤이은 이승만 정부에 그대로 뿌리를 내려 신생 대한민국의 기득권 세력이 되었습니다.

　제헌 헌법에 따라 악질 친일파를 처리하는 반민 특위(반민족행위 특별조사위원회)가 설치되었으나 이승만 정부의 비호를 받은 경찰에 의해 해체되고 말았습니다. 제2차 세계 대전 후 독립한 국가 중에서 우리만 과거 청산을 하지 못한 채, 친일파와 그들의 후예들이 다시 득세하고 권세를 부리는 세상이 되기에 이르렀지요.

　친일파 청산 문제와 관련해 일부는 "언제 적 일인데 아직도 과거사 타령이냐?"고 합니다. 친일파 문제는 결코 과거사 문제가 아닙니다. 잠깐 우리 주변으로 눈을 돌려 봅시다. '일본군 성노예제' 피해자인 할머니들의 하소연, 국립 묘지에 독립운동가와 친일파가 함께 묻힌 비극, 친일파가 작곡한 애국가 등 크고 작은 일제 유산이 지금도 많이 남아 있습니다.

　개인이나 국가나 정신이 바로 서지 않으면 건강한 사람, 건강한 사회가 되기 어렵습니다. 우리는 힘든 과정을 거쳐 선진국 대열에 진입했습니다. 이 시점에서 남은 과제 중 하나인 친일파 문제의 본질과 그들이 역사에 끼친 악행을 밝혀 민족정기와 사회정의를 살려 나가야 할 것입니다.

2 대한제국은 어떻게 일본 식민지가 되었나요?

1897년 조선의 제 26대 왕인 고종은 1392년 태조 이성계가 세운 조선이라는 나라 이름을 '대한제국'으로 바꾸었어요. 청나라에 의존하지 않고 자주적인 독립 국가가 되려고 한 거지요

이 시기 국제 정세는 대단히 복잡했습니다. 긴 세월 동양의 강국이었던 청국이 1840년 아편 전쟁 이후 쇠락의 길에 빠져들고, 미국, 영국, 프랑스, 독일 등 서양의 각 나라가 동양으로 밀려와 식민지를 건설했어요.

일본은 1868년 메이지 유신 후 부국강병책을 내걸고 열도를 통일하면서 이웃 나라를 노립니다. 그 첫 대상이 우리나라였습니다.

우리나라는 조세 제도인 삼정이 문란해지고 정치는 부패하여 여러 지역에서 민란이 일어났어요. 대표적인 것은 1894년 전봉준·김개남을 중심으로 봉기한 동학 농민 혁명이지요. 이들이 내걸었던 12개 항목의 개혁안이 제대로 수용되었으면 우리나라는 일본에 앞서 근대 국가가 되었을 것입니다.

당시 청군에 이어 현대 병기로 무장한 일본군이 들어와 동학 혁명

군을 학살하고, 서울에 주둔하면서 일본을 견제하던 명성황후를 살해하는 만행을 저질렀습니다. 이후 각지에서 의병이 일어나고, 개화파들은 독립협회·만민공동회를 통해 자주적인 근대화를 추진합니다.

　일본은 청일 전쟁에 이어 러일 전쟁을 일으키고, 1904년 한일 의정서를 강제로 체결하는 등 야금야금 우리나라를 침략하기 시작했어요. 이런 와중에 일진회와 같은 친일파 단체가 조직되어 일제의 앞잡이 노릇을 합니다.

　일제는 1905년 11월 17일 대한제국의 외교권을 박탈하는 을사늑

약을 체결하고, 서울에 조선 통감부를 설치하여 외교권은 물론 내정을 장악합니다. 대한제국의 군대를 강제로 해산하고 의병들을 학살한 후, 1910년 8월 22일 병탄 조약으로 대한제국을 멸망시킵니다.

을사늑약이나 병탄 조약은 일본군이 궁궐을 점거한 상태에서 조정 대신들을 매수하여 강압적으로 체결한 불법 조약이지요. 일제는 월등한 군사력으로 대한제국을 점령했습니다. 서울에 조선 총독부를 설치하고 순종을 폐위시키면서 모든 법과 제도를 자기들 맘대로 만들어 통치합니다.

1945년 8월 15일 해방이 될 때까지 우리나라는 35년을 세계사에서 가장 악독한 식민 지배를 받아야 했습니다. 우리 민족은 일제의 노예가 되었고, 자원은 약탈당했으며 발전하는 세계사의 대열에서 낙오가 되었지요.

무능한 군주와 부패하고 사대주의적인 정부 대신과 국제 정세에 눈을 감은 수구파 지식인들, 일본의 침략 야욕을 제대로 살피지 못한 개화파 지식인들로 인해 대한제국은 멸망했습니다.

3 을사오적은 누구인가요?

날씨가 몹시 스산하고 쓸쓸한 날을 "을씨년스럽다"고 합니다. 우리 근현대사에서 가장 치욕스러운 '을사늑약'이 강제로 체결되면서 백성들은 마음이나 날씨가 어수선하고 찌푸린 날을 '을사년스럽다'고 표현했는데 이 말이 '을씨년스럽다'로 바뀐 거예요.

대한제국을 호시탐탐 노리던 일제는 이토 히로부미를 보내 외교권을 강탈하려고 했습니다. 고종 황제와 조정 대신들을 겁박하면서 갖은 공작을 꾸몄어요. 그러다 1905년 서울 시내 각 성문에 야포와 기관총까지 갖춘 부대를 배치하고, 궁 안에는 칼을 찬 헌병경찰들을 도열시킨 가운데 조약 체결을 강제합니다.

을사늑약 체결 당시 이에 찬성한 다섯 매국노를 '을사오적'이라고 합니다. 을사오적은 학부대신 이완용, 외부대신 박제순, 내부대신 이지용, 군부대신 이근택, 농상공부대신 권중현입니다.

황제의 분명한 반대에도 불구하고 을사늑약을 추진하고 찬성한 을사오적은 과연 어떤 인물들일까요?

이완용(1858~1926)은 고종이 러시아 대사관으로 피신한 '아관파천'

때 친러파로서 외부대신이 되는데, 그 후 친미파에 이어 친일파로 변신합니다. 1905년 학부대신이 되어 을사늑약 체결 때 일본의 무력을 등에 업고 고종을 협박해 조약을 체결케 함으로써 을사오적의 수괴가 되었습니다.

1910년 8월 22일에는 총리대신으로 조정 전권위원이 되어 데라우치 통감과 병탄 조약을 체결해 나라와 겨레를 왜적에게 넘겨주었습니다. 그 공으로 일제로부터 백작 작위를 받고 조선 총독부 중추원 고문과 부의장을 지냈습니다. 1919년 3·1 혁명 때는 3·1 혁명을 반대하는 경고문을 3회나 발표하여 이듬해 후작 작위를 받는 등 죽을 때까지 매국매족으로 일관했습니다.

박제순(1858~1916)은 중국 톈진에 종사관으로 파견되었다가 귀국한 후 이조참의·호조참판 등을 지냈어요. 외부대신으로 을사늑약 조인에 서명하고 을사오적 중 한 사람이 됩니다. 1910년 내부대신으로 병탄에 적극 찬성했으며, 일제로부터 자작 작위를 받습니다.

이지용(1870~1928)은 경상·황해 감찰사를 거쳐 궁내부 협판 및 주일 공사를 지냈고, 1904년 외부대신으로 일본 공사 하야시와 한일의정서를 조인했습니다. 후에 법부대신, 판동령부사 등을 거쳐 1905년 내부대신으로 을사늑약에 찬성함으로써 을사오적이 되었습니다. 병탄이 되자 일제로부터 백작 작위를 받고 중추원 고문에 임명되었습니다.

이근택(1865~1919)은 단천부사·길주목사·충청도 수군절도사·병조참판을 지냈습니다. 이후 군부대신으로 있을 때 을사늑약에 찬성하여 을사오적이 되었으며, 1910년 한국 병탄에 동조하여 일제로부터 자작 작위를 받고 조선 총독부의 고문이 되었습니다.

권중현(1854~1934)은 법부·군부대신을 지냈어요. 농상공부대신으로서 을사늑약에 찬성하여 을사오적의 한 명이 되었습니다. 병탄 뒤 일제로부터 자작 작위를 받고 조선 총독부 중추원과 조선사편수회의 고문을 지낸 매국노입니다.

을사늑약 체결 당시 이에 찬성한 다섯 매국노를 '을사오적'이라 합니다. 을사오적은 학부대신 이완용, 외부대신 박제순, 내부대신 이지용, 군부대신 이근택, 농상공부대신 권중현입니다.

4 병탄 조약은 왜 무효인가요?

일제는 을사늑약으로 대한제국의 외교권을 강탈하여 국제 사회로부터 고립무원의 상태로 만들고, 외교 사무를 관리한다는 핑계로 조선 통감부를 설치하여 내정을 장악했어요. 조선 주둔군 사령관이던 하세가와 요시미치가 임시 통감을 맡았으며, 곧이어 초대 통감으로 이토 히로부미가 부임합니다. 안중근 의사가 처단한 바로 그 인물입니다.

일제는 고종을 퇴위시키고 순종을 즉위시켰어요. 순종은 무능하고 겁이 많아 친일파와 일본 침략자들의 농간과 위압에 쉽게 놀아난 허약한 왕이었어요.

통감부는 1907년 7월 '한일 신협약'으로 신문의 허가제·사전 검열을 규정하는 신문지법과, 항일 의병 운동 탄압을 목적으로 하는 보안법을 만들어 여론 형성과 의병 활동을 막습니다. 그리고 총포 및 화약류 단속법을 공포하여 한국인의 무장을 봉쇄한 데 이어 일본인 헌병의 경찰권을 강화하고 병력을 증원시킵니다. 한국인이 옴짝달싹하지 못하도록 얽어맨 것입니다.

1909년 10월 26일 안중근 의사가 이토 히로부미를 중국 하얼빈에서 처단함으로써 일제의 죄상을 폭로하고 한국인의 기백을 세상에 알립니다. 이후 기회를 노리던 일제는 1910년 8월 22일 어전 회의를 열도록 합니다. 총독인 데라우치가 무력으로 궁궐을 포위하고 있었고 조정 대신 대부분이 친일 매국노들이었지만 엄연히 순종 황제가 주재하는 회의였습니다.

이완용은 일본이 만든 병탄 조약문을 내놓고 내각 회의에서 통과되었다며 황제의 재가를 요청합니다. 당시 국가의 모든 주요 문서는

황제의 도장인 어새와 황제의 이름인 '이척(李坧)'이 서명되어 있어야 합니다. 이날 어전 회의에서 병탄 조약문에 찍을 어새의 행방이 묘연했습니다. 왕비인 순정효황후가 국치 문서에 날인을 못 하도록 치마 속에 감추었던 것이지요. 이를 눈치 챈 황후의 삼촌 윤덕영이 어새를 강제로 빼앗아 치욕의 문서에 도장을 찍었다고 합니다.

그런데 순종 황제의 서명은 문서 어디에도 보이지 않습니다. 비록 무능하고 유약하다는 평가를 받는 순종이었지만 끝내 서명을 거부한 것이지요. 원칙적으로 황제의 서명 없는 조약은 무효입니다. 위협과 강박으로 이루어졌으며 황제의 서명조차 없는 조약을 근거로 식민 통치를 시작한 것입니다.

이처럼 '성립되지도 않은 조약'이 일제에 의해 강제적으로 집행됩니다. 그렇기에 '합병 조약'이 아니라 '병탄 조약'이라 해야 옳습니다. '병탄(倂呑)'은 '강제로 빼앗아 합쳤다는 뜻입니다. 그동안 학계에서는 합방 조약, 합병 조약 등 여러 말을 써 왔지만, 병탄 조약이라고 해야 정확합니다.

5 경술국적은 누구인가요?

대한제국 내각에서 병탄 조약에 적극적으로 찬성하고 협조한 친일파는 내각총리대신 이완용, 내부대신 박제순, 탁지부대신 고영희, 농상공부대신 조중응, 궁내부대신 민병석, 시종원경 윤덕영, 친위부장관 이병무, 승녕부총관 조민희입니다. 이들은 그해가 경술년이어서 '경술국적'으로 불립니다.

'경술국적' 중 을사오적에 포함된 이완용과 박제순을 뺀 나머지 여

섯 명에 대해 알아보겠습니다.

고영희(1849~1916)는 일제로부터 자작 작위와 거액의 은사금을 받았고, 1910년부터 죽을 때까지 조선총독의 자문 기구인 중추원 고문을 지낸 매국노입니다.

조중응(1860~1919)는 고종의 강제 퇴위에 앞장섰으며, 일제로부터 자작의 작위와 거액의 은사금을 받았고 중추원 고문을 지낸 매국노입니다.

민병석(1858~1940)은 을사늑약 후 시종원경을 지냈으며, 일제로부터 자작의 작위와 거액의 은사금을 받았고, 중추원 고문을 지낸 매국노입니다.

윤덕영(1873~1940)은 순정효황후의 삼촌입니다. 그는 마지막 어전회의에서 황후가 감춘 어새를 빼앗아 병탄 문서에 도장을 찍을 수 있도록 했습니다. 중추원 고문과 중추원 부의장 등을 지낸 매국노입니다.

이병무(1864~1926)는 순종을 강박해 대한제국 군대를 해산시켰습니다. 일제로부터 자작의 작위와 거액의 은사금을 받았고, 일본 육군 중장을 지낸 매국노입니다.

조민희(1859~1931)는 일제로부터 자작의 작위와 거액의 은사금을 받았고 중추원 고문과 참의를 지낸 매국노입니다.

6 원조 친일파는 누구인가요?

한말(대한제국 마지막 시기) 나라가 어려워졌을 때 조정은 수구파와 개화파로 크게 나뉩니다. 수구파는 청국을 받들고 따르는 정책으로 기득권을 유지하려는 측이고, 개화파는 일본과 서구의 신문명을 받아들여 국정을 쇄신하려는 측입니다.

우리나라는 불행하게도 일본에 의탁하여 개화하려는 자들이 득세합니다. 여기서 소개하는 인물들은 그 시기 대표적인 친일파들입니다. 뒷날 친일파들의 매국 논리를 개발하고 일제 앞잡이의 노릇을 하는 사람들의 원조가 되지요.

박영효(1861~1939)는 1884년 12월 우정국 완공을 축하하는 낙성식에서 자기 쪽 세력과 일본군을 동원하여 갑신정변을 일으켰습니다. 새 내각의 중책을 맡았지만, 일본의 배신과 청국군의 개입으로 '3일 천하'로 끝나고 일본으로 망명했어요. 일본에 숨어 지내다가 1894년 청일 전쟁에 승리한 일본 경찰의 호위를 받으며 귀국하여 김홍집 내각의 내부대신이 됩니다. 동학 농민 혁명을 진압하고 총리대신 서리가 되어 제2차 갑오개혁을 추진합니다. 이는 일본 세력을 등에 업은

개혁이었어요. 명성황후 살해 사건에 개입하고 다시 일본으로 망명합니다.

1907년 궁내부대신에 임명되어 귀국한 그는 한국 병탄에 기여한 공으로 일제로부터 후작의 작위와 거액의 은사금을 받았습니다. 이후 조선귀족회 회장, 친일 단체인 유민회 회장 등을 역임하면서 죽을 때까지 민족을 배신한 원조 친일파입니다.

김윤식(1835~1922)은 1908년 중추원 의장으로 일제의 한국 병탄에 큰 역할을 했어요. 병탄 며칠 전인 1910년 8월 19일 어전 회의에서는 '불가불가(不可不可)'라 했습니다. "옳지 않다, 옳지 않다"는 뜻이지요. 그런데 병탄 후에는 '불가불 가'(不可不 可), "어쩔 수 없이 찬성한다"

는 궤변으로 국민을 농락했습니다.

김윤식은 을사오적, 경술국적, 일진회처럼 매국 전면에 나서지는 않았으나 배후에서 이들에 못지않은 매국·친일 행위를 자행한 인물입니다. 한국 병탄 후 일제로부터 자작의 작위와 거액의 은사금을 받았지요.

윤치호(1865~1945)는 미국에서 서구 민권 사상과 기독교 신앙을 수용하여 독립협회 회장과 〈독립신문〉 주필, 만민공동회의 최고 지도자로서 개화파의 지도자가 되었어요.

'105인 사건'으로 체포되었다가 친일 전향서를 쓰고 석방되어 조선총독부의 앞잡이 노릇을 합니다. 1919년 3·1 혁명을 헐뜯는 담화를 발표하고 민족 개량·실력 양성·자치를 내용으로 하는 예속적 타협 노선을 주도하면서 일제의 이른바 '문화 정치'를 따르며 선전합니다.

일제 말기 황국 신민화 실천 운동의 모체인 국민정신 총동원 조선연맹 상임이사와 조선기독교연합회 평의원회 회장으로 선임돼 친일에 광분했어요. 또 흥아보국단, 조선임전보국단 등 친일 단체의 책임자가 되어 활동합니다.

2

일제 침략에 동참한 조선인

7 일제에 협력한 친일 매국노에는 또 누가 있나요?

을사오적과 경술국적 외에도 이 시기 적극적으로 친일을 한 매국노들이 있었습니다. 일제는 대한제국을 강탈하고자 여러 방면에서 친일 매국노를 만들었어요. 그들끼리 경쟁을 붙이기도 하고, 충성심을 평가하여 막대한 재물을 뿌렸어요. 송병준, 이용구, 윤시병, 윤갑병 등이 대표적 인물입니다. 이들은 을사오적과 경술국적에 못지않게 매국 행위를 한 자들이지요.

송병준(1858~1925)은 1884년 갑신정변 후 밀명을 받고 김옥균을 암살하기 위해 일본으로 건너갔다가 도리어 설득되어 그의 동지가 되었지요. 귀국하여 투옥되었으나 민영환의 주선으로 출옥했고, 홍해 군수, 양지현감 등을 지냈습니다. 이후 일본으로 건너갔다가 러일 전쟁이 일어나자 일본군 통역으로 귀국하면서 완전히 친일파로 변신, 윤시병 등과 함께 친일 단체 유신회를 만듭니다. 이후 유신회를 일진회로 이름을 바꾸고 매국 활동을 전개했어요.

헤이그 특사 사건 후 황제 양위 운동을 벌여 고종을 퇴위시키는 데 앞장섰으며, 1907년 이완용 내각에서 농상공부대신, 내부대신을 지내면서 한국 병탄을 위한 활동을 했고, 일본으로 건너가 한국 병탄을 위한 매국 외교를 벌였습니다. 일제로부터 백작의 작위를 받고, 조선 총독부 중추원 고문을 지낸 악질 매국노입니다.

이용구(1868~1912)는 23세 때 동학당에 들어가 2대 교주 최시형의 수제자가 되었습니다. 1894년 동학 혁명 후 교주 등이 잡혀 처형될 무렵 함께 투옥되었으나 사면을 받았어요. 그 후 동학당을 진보회로 고치고, 1904년 송병준의 권고로 일진회와 통합합니다. 러일 전쟁 때 일본군에 적극 협력했으며, 1905년 손병희가 동학을 천도교로

개칭하고 그를 출교시키자 시천교를 창설하여 교주가 되었어요. 일진회 총위원장·회장이 되어 국민들에게 한일 합방을 제창하는 동시에 고종 황제, 총리대신 이완용, 소네 아라스케 통감 등에게 '한일 합방 건의서'를 보내는 등 매국 행위에 앞장섰습니다. 일제로부터 외국인에게 주는 최고 훈장인 '훈1등 서보장'을 받은 매국노입니다.

윤시병(1860~1931)은 만민공동회 회장으로 추대되어 독립협회를 이끄는 등 개혁 진영에 속했습니다. 이후 러일 전쟁이 일어나자 송병준과 만나 유신회를 조직한 데 이어 일진회를 만들고 러일 전쟁 중인 일제를 도와야 한다면서 일본군의 병력과 군수 물자의 수송을 맡았어요. 을사늑약 체결 전에 일진회 회장 자격으로 일본에 가서 대한제국의 외교권 위임을 주장하는 성명서를 발표하는 등 망동을 자행합니다. 송병준과 매국 행위 충성 경쟁을 하다가 결국 그에게 패해 밀려납니다.

윤갑병(1863~1943)은 1904년 일진회가 조직되자 여기에 참여했고, 일진회 북간도지부 회장 때 이토 히로부미의 눈에 들어 함경북도 관찰사가 되었어요. 일제로부터 '한국병합기념장'을 받고, 병탄 후 평안북도 지방 토지 조사위원으로 총독부의 토지 조사 사업을 지원했으며, 강원도지사 등을 지냈습니다. 민원식 등과 '신일본주의'를 내세우는 등 매국매족에 앞장선 친일파입니다.

8 명성황후 살해 관련 친일파는 누구인가요?

을사오적이나 경술국적 그리고 매국노의 소굴인 일진회 등이 어느 날 갑자기 돌연변이처럼 나타난 것이 아닙니다. 깊은 뿌리가 있지요. 원조 친일파들입니다. 뿌리를 캐려면 많이 거슬러 올라가야 하지만 여기서는 명성황후 암살 사건부터 살펴보겠습니다.

일본은 1868년 1월 메이지 유신으로 부국강병책을 내걸고 대외 팽창 정책을 펴기 시작했어요. 이는 조선을 공략한다는 뜻이었지요. 임진왜란 때 못 이룬 꿈을 성취하겠다는 야욕입니다. 일본은 1876년 강화도 조약을 통해 공식적으로 조선에 들어옵니다. 동학 농민 혁명에 끼어들어 수많은 사람을 죽이고, 눌러앉아 국정에 개입합니다.

명성황후가 일본을 배척하자, 미우라 고로 일본 공사는 일본 수비대와 낭인들을 동원하여 궁궐에 난입해서 황후를 살해했어요. 남의 나라 왕비를 죽인 것입니다. 이때 그들의 앞잡이 노릇을 충실히 한 조선인들이 있습니다.

이주희(1843~1895)는 동학 농민 혁명을 진압하려고 일본 군함이 입항하자 일제에게 남해안 지형을 비롯하여 각종 정보를 제공한 동학

군 학살의 선봉장입니다. 명성황후 살해 모의 등에서 조선 측의 주범 역할을 했어요.

이두황(1858~1916)은 명성황후 살해 당시 제1대대를 이끌고 광화문 경비를 서면서 문을 열어 주는 등 일본인 낭인들을 도와줬어요. 병탄 후에는 전북도장관 등을 지냈어요. 일제로부터 '훈3등 서보장' 훈장까지 받은 친일 매국노입니다.

우범선(1857~1903)은 명성황후 살해 당시 훈련대 동원 책임을 맡았습니다. 일본 낭인 부대를 엄호하여 황후 살해를 지원했습니다. 사건 후 일본으로 도망가서 은신 중 만민공동회 회장을 지낸 고영근에게 암살당했어요.

이진호(1867~1946)는 명성황후를 살해한 범죄에 직접 가담했는데, 이완용 내각에서 중추원 부참의에 이어 평안남도 관찰사가 되었습니다. 병탄 후에는 경상북도 지사와 전라북도 지사, 그리고 조선 총독부 학무국장으로 일선융화(일본과 조선을 통합해야 한다) 같은 일제 선전에 전념했어요. 조선인으로 총독부 국장을 지낸 자는 그와 엄창섭 두 명뿐입니다. 그는 중추원 부의장과 고문을 지내는 등 말년까지 일제에 충성을 다한 인물입니다.

9 왜 '한일 합방'이 아니라 '한국 병탄'인가요?

다른 학문도 마찬가지이지만 특히 역사에서는 사건의 이름(명칭)을 바로 써야 합니다. 그래야 사건의 본질을 제대로 이해할 수 있기 때문이지요.

지난날 우리 역사책은 동학 농민 혁명을 '동학란'이라 쓰고, 제주 4·3 사건은 '제주 폭동', 4·19 혁명을 '4·19 의거', 5·18 민주화 운동을 '광주 사태' 등으로 잘못 불렀어요. 지금은 '동학 혁명', '제주 4·3 사건', '4·19 혁명', '5·18 민주화 운동'으로 바로잡았습니다.

일제가 1910년 8월 대한제국의 국권을 강탈하고 우리나라를 식민지로 만들었지요. 이때 맺은 조약 이름을 두고 지금까지도 엇갈리고 있어요.

당시 일본 외무성에서는 대한제국을 완전히 일본의 영토로 편입했음을 표현하는 데 '병탄'은 침략적인 뜻이 강하고 '합병'은 의미가

약해 대외적으로 부적절하다는 판단이었어요. 그래서 병탄과 합병을 조합하여 '병합'이라는 요상한 용어를 고안하고, 이를 공식적으로 쓰기 시작합니다.

　일제는 우리나라를 침략하면서 두 나라가 합하여 하나가 된다는 뜻의 '한일 합방'으로 선전했어요. 마치 아메리카 합중국처럼 말이지요. 그런데 그리되면 당초 목적을 이룰 수 없었습니다. 한국인을 노예로 삼고 자원을 빼앗아 자기들끼리 잘살겠다는 야욕 말입니다. '합방'은 한일 두 나라가 대등하게 합친다는 뜻이니까요. 그래서 '병

합'이란 말을 만들어 쓰고, 이후 공식적인 용어가 되었어요. 우리에게는 날강도질을 당한 일이니, 도저히 용인할 수 없는 용어이지요. 그래서 마땅히 일제의 한국(대한제국 또는 조선) '병탄'이라 써야 할 것입니다.

병탄에는 "강제로 빼앗아 억지로 합친다"는 뜻이 담기지요. 실제로 일제는 군사력으로 궁궐을 포위하고 대신들을 겁박하거나 매수하여 병탄 조약을 강행했습니다.

일제는 1905년의 을사늑약에 대해서도 '을사 보호 조약'이라 했어요. 침략을 보호로 위장한 것이지요. 이런 경우가 한둘이 아닙니다. 명성황후를 살해한 사건을 '을미사변', 만주 침략을 '만주 사변'이라고 했어요. '사변'은 충격적인 사건을 뜻하는 말로 여기에는 일제가 벌인 만행이라는 중요한 의미가 빠져 있어요. 마땅히 명성황후 '살해 사건', 일제의 '만주 침략'이라고 써야 합니다.

10 일제는 한반도를 어떻게 지배했나요?

일제는 서울(경성)에 조선 총독부를 설치하고 전국에 562개 헌병대를 두어 조선을 무력으로 통치했습니다. 일본인 헌병 한 명에 조선인 보조원 세 명씩을 붙여서 정보 취득과 염탐, 착취와 고문의 하수인으로 이용했어요.

헌병대와 함께 서울에 경찰국, 각 도에 경찰부를 중심으로 전국에 경찰서 254개, 주재소 220개, 파출소 242개를 두고 2만 1000여 명의 순사를 배치시켜 전국을 물샐틈없는 감시 체제로 만들었습니다. 2개 사단의 병력도 주둔시켰어요.

헌병경찰은 군사를 비롯해 행정·사법 기타 잡무에 이르기까지 취급하지 않는 것이 없었어요. 최말단인 일본 순사의 위력은 "우는 아이도 울음을 멈췄다"는 말이 나올 만큼 막강했답니다.

일제가 조선을 강탈하면서 가장 먼저 한 일은 우리나라 역사 관련 책 압수였습니다. 중요한 것은 일본으로 가져가고 나머지는 불태웠어요. 1918년 말까지 8년 동안 각종 역사서 20만여 권을 가져가거나 소각했습니다.

이후 일제는 식민지 수탈에 본격적으로 나섭니다. 토지 조사령을 반포하고 동양 척식 회사와 식산은행을 만들어 기름진 토지와 임야·하천부지, 종가의 땅을 빼앗았어요. 그리고 농토를 잃은 농민들을 만주로 내몰았습니다.

조선의 민족정신을 말살하고자 서울 남산에 일본 신궁을 짓고 강제로 참배를 시켰으며 민족 종교 동학과 대종교 등을 탄압했어요. 또 불교를 조선 총독 직할에 두고, 교회는 각 시·도에 하나만을 허가하여 기독교의 확장을 억제했습니다.

일제 말기에는 창씨개명을 실시하여, 수천 년 내려온 조상들의 성씨를 일본식으로 바꾸도록 하고 이에 반발하면 감옥에 보내거나 아이들의 학교 입학을 막았어요. 한민족의 뿌리까지 말살하는 책략이었습니다.

창씨개명과 함께 일제가 실시한 기본적인 민족 말살 정책은 한국어, 즉 우리말을 쓰지 못하도록 한 것입니다. 학교나 행정 관서에서는 일본어를 사용토록 하고, 한국어를 쓰면 탄압했어요. 그리고 애국지사들이 세운 조선어학회를 짓밟고 이분들을 감옥에 가두었습니다.

일제는 조선인 800만 명을 강제로 일제의 침략 전쟁에 내몰거나 광산이나 공장에 끌고가서 강제 노동을 시켰어요. 젊은 여성들은 '일본군 성노예제'의 피해자로 만들었어요.

일제 강점기 한국인들은 이른바 공출이라는 이름 아래 힘겹게 농사지은 쌀을 대부분 **빼앗기고** 만주에서 들여온 조를 주식으로 삼았습니다. 일본군은 군수용으로 쓰려고 숟가락과 비녀, 가락지까지 뽑아 갔습니다.

3
민족을 배신한 사람들

11 일제 강점기 악질 친일파는 누구인가요?

친일파 중에서 특히 악질적인 자들이 있습니다. 겨레와 민족사에 두고두고 해를 끼친 범죄자들이었어요. 여기서는 그런 자들을 골랐습니다.

이각종(1888~1968)은 1920년 총독부의 지시를 받아 이곳저곳에서 친일 강연을 하고 글을 쓰면서 일왕에 대한 숭배와 충성을 강요하는 '황민화 운동'을 벌였습니다. 과거 독립운동가 중 전향자들을 모아서 '백악회'를 결성하고 이들의 '사상 선도'와 '친일' 운동을 벌였어요. 1937년 8월에는 백악회를 대동민우회로 확대 조직하여 고문직에 있으면서 13도 각지의 순회 강연에 참여합니다. 중일 전쟁이 일어나면서 더욱 기세를 올려 국민정신 총동원 조선연맹 발기인이 되고, 창립 후에는 이사와 상무로 활약합니다.

이각종의 친일 행위 가운데 발군의 '죄상'은 황도주의(일왕을 섬기자는 사상)를 내용으로 하는 『시국독본』의 저술과 일제 패망 때까지 모든 집회에서 낭독된 '황국 신민의 서사'를 지은 것입니다. '황국 신민의 서사'는 아동용과 성인용 두 가지인데, 아동용은 다음과 같지요.

1. 우리는 대일본 제국의 신민입니다.
2. 우리는 마음을 합하여 천황 폐하에게 충의를 다하겠습니다.
3. 우리는 괴로움을 참고 몸과 마음을 굳세게 하여 훌륭하고 강한 국민이 되겠습니다.

박춘금(1891~1973)은 청년 시절에 일본으로 건너가 1920년경에는 조선인 노동자들을 모아 상구회라는 단체를 조직, 깡패들의 합숙소를 설치하고 이듬해 상애회로 개편합니다. 일본에서 '출세'의 기회를 엿보다가 1923년 9월 1일 관동 대지진이 발생하자 상애회 회원 수백 명을 거느리고 일본 국수회의 우두머리 도야마와 결탁하여 조선인 학살의 청부를 맡습니다.

이런 '공로'로 친일 폭력 단체 상애회는 그 세가 비약적으로 확장되어 회원수가 2만여 명에 이르게 됩니다. 1932년 제18회 일본 총선거에서 도쿄 제4구에 입후보하여 중의원에 당선되었어요. 조선인 출신으로 최초의 중의원이 된 그는 일제의 내선일체(조선의 일본화) 강화책으로 1938년 상애회를 만주국 조직인 협화회와 통합시켜 간부가 되고, 대화구락부라는 친일 단체를 별도로 만들어 친일 행각을 계속하면서 1940년 4월 제20회 총선에서 재선됩니다.

국내에서는 일제의 충견들을 모아 대의당을 결성하여 일제에 대해 마지막까지 충성을 바칩니다. 대의당은 1945년 7월 서울 부민관에서 아시아 민족 분격 대회라는 것을 열었다가 조문기, 강윤국, 유만수 등 애국 청년들의 폭탄 세례를 받았지요. 해방 후 일본으로 도피했습니다.

현영섭(1906~?)은 친일 단체인 녹기연맹 본부 이사와 녹기일본문화연구소 연구원 등으로 활동했습니다. 중일 전쟁 후에는 강연 활동을 통해 일제의 침략 전쟁을 지원했습니다. 현영섭은 내선일체를 위해서는 언어와 풍속까지도 일체화가 필요하다며 조선어 사용 폐지와 일본어 상용 주장을 했습니다.

배정자(1870~1952)는 일제 강점기에 일제의 밀정으로 활동하며 독립운동가들을 색출하고 검거하는 활동을 했습니다. 태평양 전쟁이 발발한 이후에는 수많은 조선 여성들을 '일본군 성노예제'의 피해자로 만드는 역할을 했어요. 해방 후 반민 특위에 체포되었지만 반민 특위가 해체되면서 석방되었다가 병사했습니다.

12 독립운동을 하다가 친일파가 된 사람은 누구인가요?

친일파 중에 '선 독립운동 후 친일'의 변절자들이 있습니다. 초기에는 누구 못지않게 열심히 독립운동에 참여했다가 친일로 변신하여 동지들과 조국을 배반한 사람들입니다. 대표적인 인물을 소개합니다.

최린(1878~1958)은 1919년 3·1 혁명 때 민족 대표의 한 사람으로 독립 선언서에 서명하고 체포되어 3년형을 선고받았어요. 출옥 후 천도교 교세 확장에 힘쓰다가 친일파로 변절하여 중추원 참의, 총독부 기관지 〈매일신보〉 사장, 조선임전보국단 단장 등을 지냅니다. 1941년 11월 일제의 침략 전쟁과 황민화 운동에 앞장서는 조선 언론 보국회의 회장에 선임되어 온갖 친일 활동을 벌이고, 조선 젊은이들을 침략 전쟁의 총알받이로 내몰았습니다.

이광수(1892~1950)는 1917년 〈매일신보〉에 한국 최초의 근대 장편 소설 『무정』을 연재했습니다. 1919년 도쿄에서 2·8 독립 선언서를 기초한 후 상하이로 망명, 임시정부 기관지 〈독립신문〉의 주필을 맡았습니다. 1921년 귀국한 후 이듬해 '민족 개조론'을 발표하여 조선인은 "공상과 공론만 즐겨 나태하고 신의와 충성이 없다"고 운운하면서 민족의 성격을 개조해야 한다는 허황된 이론을 폈어요. 1939년 친일 어용 단체인 조선 문인협회 회장에 취임하고 제2차 세계 대전 말기에는 일제의 국민 총동원 계획에 참여하여 1943년 12월 일본 유학생의 학병 지원을 권고하는 강연에 나섰어요.

최남선(1890~1957)은 3·1 혁명 때 '독립 선언문'을 기초했고, 체포되어 2년 8개월간 투옥되었어요. 출옥 후에는 총독부의 지원으로 잡지 〈동명〉을 발행하면서 일제와 타협하기 시작합니다. 1925년 총독부 어용 단체인 조선사편수회 편수 위원이 되어 식민사관에 입각한 한국사 왜곡에 참여했습니다. 중추원 참의를 지냈으며, 일본 관동군이 만주에 세운 건국대학에서 4년간 교수직을 맡았어요. 그는 일제의

침략 전쟁을 선전하는 행사에서 강연을 하거나 기고를 통해 학병 지원을 권장하는 활동을 벌였습니다.

해방 후 반민 특위에 체포되었다가 석방되어 『한국 역사 대사전』을 집필하던 중 병사했어요.

서춘(1894~1944)은 1919년 2월 최팔용·김도연·백관수·이광수·송계백·최근우 등과 2·8 독립 선언서를 발표, 3·1 혁명을 촉진시키는 계기를 만들고, 이 사건으로 9개월 금고형을 받았어요. 형을 마친 후 도쿄 제국대학교 철학부를 거쳐 교토 대학 경제학부를 졸업, 귀국하여 1927년 〈동아일보〉 경제부장에 이어 1932년 〈조선일보〉 편집국장, 주필 겸 경제부장을 지냅니다. 이후 각종 친일 논설을 쓰고, 1940년부터 1942년까지 총독부 기관지 〈매일신보〉의 주필로 내선일체와 침략 전쟁 선전에 광분했어요.

1937년 내선일체론자들로 구성된 방송선전 협의회 강사, 이듬해 국민정신 총동원 조선연맹 선전 문화 위원회 참사, 조선임전보국단 평의원 등 각종 친일 단체에 가담하고 친일 활동에 앞장섰습니다. 특히 친일 잡지 〈동양지광〉, 〈녹기〉, 〈총동원〉, 〈춘추〉, 〈조광〉, 〈대동아〉 등에 지원병 제도와 내선일체를 지지하는 각종 글을 써서 일제의 침략 전쟁과 황민화 정책을 충실히 대변했습니다.

주요한(1900~1979)은 전영택 등과 〈창조〉를 창간하여 문학 활동을 벌이면서 민족 운동에 참여했어요. 3·1 혁명 이후 상하이로 피신하여 임시정부에서 기관지 〈독립신문〉의 편집을 맡았습니다. 귀국하여 1926년 〈동아일보〉에 입사해 편집국장을 지냈고, 1932년 이광수와 함께 〈조선일보〉로 옮겨 1933년까지 편집국장·전무를 지냈어요.

1938년 전향을 선언하고 조선 신궁을 참배했습니다. 1938년 결성된 조선 문인협회 간사로 활동하면서 강연과 기고를 통해 일제의 침략 전쟁을 옹호했습니다. 〈신시대〉 등 친일 잡지를 통해 황민화 실천을 주창합니다.

정춘수(1873~1953)는 3·1 혁명 때 민족 대표의 일원입니다. 감리교 목사로서 3·1 혁명에 참여했어요. 1938년 흥업구락부 사건에 연루되어 구속되었습니다. '전향 성명서'를 발표하고 풀려난 다음 친일 활동에 적극 가담합니다.

신도 대표 50여 명을 이끌고 부여 신궁 짓기에 근로 봉사한 것을 비롯, 교회의 철문, 철책을 일제에 헌납토록 하는 등 온갖 친일 활동에 앞장섰어요. 특히 "교회 종도 헌납하여 성전 완수에 협력"할 것을 강요하는 설교와 연설을 하고 다녔습니다.

이돈화(1884~1950)는 1919년 천도교를 이끌던 손병희가 3·1 혁명으로 투옥되자 문화 활동을 통한 민족 운동을 계승하면서, 천도교 혁신을 목적으로 정도준, 박래홍, 박달성 등과 천도교 청년 교리 강연부를 만들었습니다. 이것을 모체로 천도교 청년회를 주도적으로 만들었고, 한국 최초의 종합 잡지 《개벽》을 창간했습니다.

이후 변절한 그는 1937년 소위 조선 명사 59명이 망라된 지방 순회강연 대회에 한상룡·이승우 등과 함경남도반에 참가해 일제의 침략 전쟁을 옹호했습니다. 1938년에는 와이엠시에이(YMCA)에서 열린 종교 단체 연합회 주최 강연회에서 '장기 비상시국과 장기 비상 결심'이라는 제목으로 내선일체를 찬양하는 연설을 했습니다.

박희도(1889~1952)는 1918년부터 YMCA 회원부 간사로 일하면서 3·1 혁명에 민족 대표로 참여했다가 체포되어 2년형을 선고받고 수감되었습니다. 1922년 잡지 〈신생활〉을 창간했고, 발간한 제13호 등이 민족의식을 고취시켰다는 이유로 다시 체포되어 함흥감옥에서 2년여의 옥고를 치르고 석방됩니다.

1939년 친일 월간지 〈동양지광〉을 창간한 후 내선일체를 표방하면서 노골적인 친일 활동에 나섰습니다. 징병제 실시 발표가 있자 1942년 미나미 총독과 이다가키 조선군 사령관에게 공개적으로 감사장을 보내고 이를 잡지에 게재하는 활동을 했습니다. 자신의 잡지에 '진심을 헌납하라', '결전비상의 때', '궐기하라 반도 청년' 따위의 글을 자주 실어 청년과 학생들의 전쟁 참여를 독려했습니다.

13 일제 강점기 대표적인 친일 정치인은 누구인가요?

엄격히 말해 일제 강점기, 이 땅에 정치는 없었어요. 통치와 지배 그리고 이를 관리하는 행정만이 존재했습니다. 여기서 다루는 부류는 현대적 의미의 '정치인'이 아니라 정치를 이용해 개인적 이익을 취하는 '정상배'들을 말합니다. 상하이 대한민국 임시정부가 죽어 마땅한 자들로 지목한 일차 암살 대상자 명단에 오른 자들이지요.

민원식(1886~1921)은 1908년 친일 단체 대한실업장려회를 만들고, 친일파 거두 이지용과 함께 친일 단체 대한실업회를 조직한데 이어 중추원 참의 홍승목, 이규항 등과 제국실업회를 설립하여 전국의 보부상 중 친일적 성향의 사람들을 규합하고 한국 병탄을 추진합니다. 병탄 후 윤치호, 한상룡, 민영기 등과 경성교풍회, 김명준, 윤갑병 등과 국민협회를 조직하고 〈시사신문〉을 발행하면서 총독 정치를 홍보·선전했어요. 이천·고양군수 등을 지냈고, 3·1 혁명이 일어나자 이를 매도하는 글을 신문에 싣는 등 망발을 거듭하고, 일본 제국의회에 조선 대표를 보내자는 '참정권 청원 운동'을 도쿄에서 벌이다가 애국청년 양근환에게 처단됩니다.

선우순(1891~1933)은 1919년 3·1 혁명이 발발하자 '조선 독립 불능론'이라는 망론을 폈습니다. 친일파 단체인 대동동지회를 이끌면서 전국을 순회하며 만세를 부르지 말도록 회유하고, 친일 신문인 〈대동신보〉를 창간하여 '내선일체'를 선전했어요. 이런 공로로 중추원 참의가 되었고, 일제 앞잡이 노릇을 충직하게 수행합니다.

　대한민국 임시정부는 "적에게 아부하는 독립운동의 독균인 민원식·선우순 같은 자"를 칠가살(마땅히 죽여야 할 일곱 매국노)로 선포했어요. 선우순의 동생 선우갑 역시 악질적인 친일파로 1919년 2월 8일 우리 학생들이 도쿄 독립 선언을 할 때 현장에 나타난 일본 형사들에게 중심인물을 지목하여 체포하게 한 자입니다. 선우갑은 상하이 임시정부를 정탐하다가 당시 경무부장이던 백범 김구에게 체포되었습니다. "살려줄 터이니 공을 세워 속죄하라"고 풀어 주었는데, 다시 밀정 노릇을 한 배은망덕한 자입니다.

　신응희(1859~1928)는 1908년 전라도 관찰사를 역임했으며, 1910년 한국 병탄 후에는 함경남도 장관(도지사)으로 승진했습니다. 당시 도장관은 한국인이 도달할 수 있는 최고의 직위로 극렬 친일파에게 주어지는 자리입니다. 그는 1918년 9월 황해도 장관으로 있을 때 3·1 혁명이 일어나자 4월 24일 〈매일신보〉에 '대민 경고문'을 발표했어요. 이후 친일의 공적을 인정받아 1924년 중추원 참의에 임명되고 '훈4등 서보장'이라는 훈장을 받았습니다.

박영철(1879~1939)은 3·1 혁명이 일어나자 함북 참여관으로 "독립 운동은 생명과 재산의 손실만 초래하고 설사 일본이 독립을 승인할지라도 조선인에게는 나라를 지탱할 능력이 없다"라고 하면서 민족적인 항일 운동을 비난했습니다. 1929년 관직에서 물러나 동민회라는 친일 단체 부회장에 취임하고, 역시 친일 단체인 국민협회·갑자구락부·대정친목회 등과 연합하여 각종 친일 활동을 벌였습니다. 1930년대에는 중추원 참의 등을 지내면서 1937년 8월 1만 원의 국방 헌금을 내고, 전투기(애국기) 헌납 기성회를 발기하여 모금 운동을 폈습니다. 그가 사망하자 일제는 훈장으로 '욱일중수장'을 주었어요.

14 '의사'와 '열사'의 차이점은 뭔가요?

우리나라 역사에는 의사와 열사의 맥박이 뛰고 있어요. 국가가 위기에 처했을 때 스스로 일어나 외적과 싸운 것이지요.

고려 시대 거란의 침입에 맞선 민군, 몽골의 침입 당시 삼별초, 조선 시대 임진왜란 때의 의병과 승병, 병인양요 당시 백성 부대, 한말과 일제 강점기의 의병, 독립군, 광복군 등이 있습니다.

적이 쳐들어오면 당연히 관군이 막아야 하는데, 제 역할을 하지 못하면서 민간이 일어나 싸웠습니다. 한말과 일제 강점기에 군대가 해산되고 의병마저 진압되었을 때도 개인이 나섰지요.

우리나라는 옛적부터 '천추의열'이란 말이 전해집니다. "천추에 빛날 충의로 아주 열렬하게 행동한 인물"을 지칭하지요. 이런 분들을 '의열지사'라고 불렀지요. '의(義)'와 '열(烈)'은 왕조 시대에 최고의 존엄을 나타내는 글자였어요.

우리는 독립운동가 안중근·윤봉길·이봉창 등을 '의사'로 호칭합니다. 안중근 의사, 윤봉길 의사, 이봉창 의사가 그렇습니다. 일제가 대한제국을 침탈하는 과정에서 음독 자결한 민영환·이한응·조병

세·홍만식 등을 '열사'로 부릅니다. 이준과 유관순도 여기에 포함되지요.

의사는 나라와 민족을 위해 목숨을 걸고 권총이나 폭탄을 가지고 적을 공격하거나 적장을 처단한 인물이고, 열사는 굳은 절개와

애국혼을 지키기 위해 목숨을 걸고 투쟁하다가 순국하신 분들입니다. 이런 분들을 '의열사'로 함께 묶기도 하지요.

1980년대 민주화 운동과 통일·노동 운동 과정에서 다시 열사가 등장합니다. 독재 권력에 맞서다 돌아가신 분들입니다. 이들을 민주 열사·민족 해방 열사, 노동 열사 등으로 호칭합니다.

일제 강점기 우리 애국지사들은 용감하게 싸웠습니다. 혼자서 성능도 좋지 않은 무기를 들고 적진으로 뛰어들어 적의 우두머리를 처단하거나 적의 기관을 폭파하고 장렬하게 순국했지요. 또한 충절과 의분으로, 국민의 궐기를 호소하고자 하나뿐인 생명을 스스로 내던졌습니다.

15 왜 '야스쿠니 신사'에 참배하면 안 되나요?

일본 도쿄시 지요다구에 있는 야스쿠니 신사는 일본인들에게 '일왕'과 같은, 어쩌면 그 이상의 경외 대상이 된 지 오래입니다. 보수·극우 세력의 정신적·사상적 모태이기도 하지요.

1868년 일본을 평정하고 집권한 메이지는 이듬해 전쟁에서 숨진 영혼들을 위로한다는 명목으로 전사자를 위한 합동 초혼제를 도쿄 쇼콘샤에서 지냈어요.

메이지 일왕은 점차 야심이 많아지면서 충성스러운 '왕의 군대'를 육성하고자 1879년 6월 도쿄 쇼콘샤의 명칭을 "국가를 위해 순국한 자를 기념한다"는 뜻을 가진 야스쿠니로 바꾸고 경내를 확장하는 대대적인 공사를 벌였습니다. 일제는 청일 전쟁, 한국 병탄, 러일 전쟁, 중일 전쟁, 태평양 전쟁으로 사망한 군인들을 이곳에 안장하면서 침략 전쟁을 미화하고, 사망자들을 신격화했어요.

일제 패망 이후 야스쿠니 신사는 동북아 평화를 어지럽히는 상징이 됩니다. 1948년 12월 23일 도쿄 전범 재판으로 스가모 형무소에서 교수형이 집행된 도조 히데키 전 총리 등 'A급 전범' 14명의 위패

를 1978년 야스쿠니 신사에 합사한 것입니다. 이로 인해 야스쿠니 신사는 일본 우익 세력의 정신적 모태로 자리 잡기에 이르렀어요.

특히 2001년부터 2006년까지 총리를 역임한 고이즈미가 네 차례나 참배하고 집권 자민당 소속 정치인들이 앞다퉈 이곳을 찾으면서 야스쿠니 신사는 일본 보수 우익 세력의 정신적 성지가 됩니다. 지금도 급속한 우경화와 국수주의의 바람을 타고 많은 참배객을 끌어들이고 있지요.

일본 정부는 2005년 개인과 기업의 기부금 88억 엔(약 880억 원)을 들여 야스쿠니 신사의 일반인 참배소인 참집전을 화려하게 개축합니다. 극우 언론이 이러한 성역화를 부채질하면서 국수주의의 발원지가 되었습니다. 현재 야스쿠니 신사에는 메이지 정부 수립부터 태평양 전쟁 종전 때까지 군인, 공습 희생자 등 전사자 246만 6000여 명이 신으로 모셔져 있습니다.

여기에는 한국인도 있어요. 2만 1181명의 한국인 이름이 명부에 올려져 있는데, 대부분 일제의 침략 전쟁에 강제로 끌려갔다가 희생된 사람들입니다. 이른바 일왕을 위해 싸우다가 목숨을 바친 전공자들이 묻혀 있다는 신사에 일제에 강제 동원되었다가 희생당한 한국인들의 이름이 올라가 있어요. 새로운 군국주의 부활을 꿈꾸는 야스쿠니 신사에 이름을 올린 것은, 그분들의 영혼을 욕되게 하는 일이지요. 무고한 이들을 두 번 죽이는 것이나 다름없습니다.

이곳에는 중국인, 대만인들의 이름도 명부에 올랐는데, 이들 역시 일본인 전몰자들과 함께 "일왕을 위한 전사자"로 분류되었습니다.

한국의 유족들은 일본 법원에 '야스쿠니 신사 한국인 합사 취소 소송'을 통해 야스쿠니 신사에 합사된 한국인의 이름을 빼달라고 요구해 왔습니다. 유족들은 "우리 가족이 자신들의 의사에 반해 일왕에게 충성을 다하다 사망한 자로 가려지면서 민족적 인격권을 침해당하고 있다"고 주장했습니다. 또한 과거 일본군의 군인과 군속으로서 사망한 한국인 유족들은 "일제 협력자의 유족이라는 불명예를 안고 있다"며 "명예 훼손에 의한 손해 배상 청구와 함께 합사 철폐 청구권을 갖는다"고 주장합니다.

그러나 일본 정부는 "전사한 시점에 일본인이었기 때문에 사후에도 일본인이라 하지 않을 수 없다"며 "일본 군인으로 죽으면 야스쿠니 신사로 되돌아간다는 마음으로 싸우다 죽었기 때문에 야스쿠니 합사는 당연하다"고 궤변을 늘어놓고 있습니다.

4

멀고 먼
역사 바로 세우기

16 반민 특위는 왜 해체되었나요?

해방이 되었지만 대한민국은 오랫동안 민족정기와 사회정의를 상실했습니다. 독재와 부패 세력의 지배를 받게 되었지요. 이렇게 된 가장 큰 이유 중의 하나로 1949년 6월 6일 반민 특위 습격 사건을 꼽습니다.

제헌국회는 1948년 9월 22일 국권 침탈기에 일제에 협력하여 민족 반역 행위를 했던 친일 분자들을 처벌하기 위해 반민족 행위 처벌법(반민법)을 공포했어요. 제헌 헌법 제101조에 의거한 특별법 제정이었습니다.

이에 따라 반민족행위 특별조사위원회(반민 특위)가 구성되고, 국회는 독립운동가 출신 김상덕 의원을 위원장으로 선출한 데 이어 특별재판부·특별검찰부·사무국 등이 구성되고, 각 시·도에 지부를 설치했습니다. 반민 특위는 1949년 1월 8일부터 화신 재벌 박흥식에 대한 검거를 시작으로 최린, 이종형, 이승우, 노덕술, 박종양, 김연수, 문명기, 최남선, 이광수, 배정자 등을 체포하면서 본격적인 활동을 시작했지요. 친일 세력의 지원으로 집권한 이승만 대통령은 자신의 지지 세력, 특히 친일 경찰 출신의 경찰 간부들이 구속되면서 정치적 위기에 내몰렸습니다. 친일 경찰은 이승만의 도움을 기대하는 한편 반민 특위 해체 음모를 꾸몄어요.

민족 반역자에 대한 공판이 진행되고 있을 때 친일 세력은 3·1 혁명의 성지 탑골공원과 반민 특위 본부에까지 몰려와서 특위 해체를 주장하고 빨갱이 집단이라고 외치며 시위를 벌였어요.

또한 조작된 '국회 프락치 사건'으로 독립운동가 출신 국회 부의장 김약수와 반민법 제정에 앞장섰던 노일환 의원 등이 체포됨으로써 특위 활동이 위축되었어요.

결정적 사건은 1949년 6월 6일에 일어납니다. 그날 심야에 내무부 차관 장경근의 지시를 받은 경찰은 반민 특위 습격 작전을 벌입니다. 행동 책임자는 관할 서장인 중부 경찰서 서장 윤기병이 맡기로 했어요. 그는 새벽 일찍 중부경찰서 뒷마당에 부하들을 소집합니다. 차출한 경찰 50여 명을 두 대의 차에 태워 중구 남대문로의 반민 특위 본부를 습격했어요. 명색이 공무원인 경찰이 국가 기관을 습격한 것입니다.

경찰이 반민 특위를 습격한 배경에는 이승만이 있었습니다. 두 차례나 특위 위원장 관사를 찾아가 악질 친일 경찰 출신인 노덕술 등의 석방을 요구했으나 듣지 않자 공권력을 동원하기에 이른 것입니다. 반민 특위를 급습한 경찰은 직원들을 폭행하면서 서류 등을 탈

취해 갔어요.

  때를 같이하여 국회에 반민법 공소 시효를 단축하자는 개정안이 올라옵니다. 반민 특위 검찰관이기도 했던 곽상훈은 반민 특위 활동이 여러 요인으로 지지부진하니 반민법 제29조 중 공소 시효를 1949년 8월 31일까지로 단축하자는 개정안을 내놓았어요. 이에 반발한 반민 특위 위원들은 일괄 사퇴합니다. 국회는 새로운 후임 위원을 선출하지요. 김상덕은 조국남, 조규갑 의원과 함께 특위위원으로

다시 선출되었으나 끝내 사임했습니다. 후임은 법무장관 시절부터 반민 특위 활동을 못마땅하게 여겨온 이인이 맡게 돼요. 그가 특위 직원을 새로 임명하고 결원된 특별검찰관 및 재판관들을 보강하여 7월부터 활동에 들어갔지만, 반민 특위는 이미 사양길로 접어들고 있었습니다.

결국 본래의 취지와 정신이 상실된 채 문을 닫고 말았습니다. 이로써 민족정기는 굴절되었으며 친일 반민족 세력이 재등장하는 계기가 되었어요. 반민 특위의 좌절은 곧 민족 양심과 사회 정의, 나아가서는 민족정기의 패배였습니다.

17 해방 후 이승만은
왜 친일파를 감쌌나요?

　초대 대통령 이승만은 독립운동가라고 하지만 변변한 독립운동을 못했어요. 김구나 김규식, 안창호 등에 비하면 훨씬 모자라지요. 그가 내건 외교 독립 노선은 명분은 그럴 듯 했으나 성과는 거의 없었어요. 그리고 당시 국제 정세는 우리의 적국인 일본이 미국, 영국 등 서구 강대국의 한 축이었기에 외교적으로 이들의 지원을 받아 우리나라의 독립을 이끌어내기란 불가능했어요.

　실제로 우리나라가 외교적으로 독립을 얻게 된 것은 1943년 11월 카이로 선언인데, 이 일은 임시정부의 노력으로 이루어진 성과였습니다. 이승만의 여러 가지 행적은 접어 두고 여기서는 대한민국의 초대 대통령이 되고서도 왜 친일파를 중용하고 독립운동가들을 홀대했는가 하는 점을 짚어 보겠습니다.

　한말 애국 계몽 운동의 선각자였던 이승만은 감옥에 있다가 1904년 29세에 미국으로 건너가 공부하고 1910년 잠시 귀국, 1912년 다시 미국으로 가서 1945년 해방이 되자 33년 만에 귀국했지요. 그러다 보니 국내에는 이렇다 할 인맥이나 조직이 없었습니다. 남한에서 군

정을 실시한 미국은 이승만을 선택했지요. 미국은 처음부터 민족주의 성향이 강한 김구나 김규식보다 친미 성향의 이승만을 선호했던 것 같습니다. 그래서 임시정부 요인들보다 그를 먼저 미 군용기 편으로 귀국시켰지요.

국내의 상황도 이승만에게 유리했어요. 미군정이 실시되면서 일제 강점기 때 관료·작가·경찰·정보원·언론인·학자·법조인이었던 사람들이 그에게 접근합니다. 임시정부 인사와 독립운동가들에게는 자신들의 친일 행적이 노출되어 있지만, 이승만은 국내 사정에 어두웠기 때문입니다. 이렇게 정치 자금, 정보, 조직 등이 모이면서 그는 초대 대통령이 되었어요.

이승만 대통령은 정부 요직은 물론 주요 기관, 직책에 친일파들을 앉히게 됩니다. 이들 중 특히 경찰·검찰·판사 등은 일제에 부역하다가 미군정에서 일종의 '신분 세탁'을 마친 자들이었어요. 이들은 해방 후에도 승승장구합니다. 국회에서 반민 특위가 구성되고 대통령 곁에서 손발 노릇을 해오던 경찰 간부들이 체포되자, 경찰이 반민 특위를 짓밟아 버리는 만행을 저지르기도 했어요.

이승만 대통령은 종신 집권을 노리며 헌법을 무시했습니다. 결국 1960년 3·15 부정 선거를 자행하다가 4·19 혁명으로 하야하고 미국으로 망명하는 비극을 겪지요. 초대 대통령으로서 개인은 물론 국가적으로도 불행한 일이 되었습니다.

18 왜 박정희 정부는 일본과 굴욕 회담을 했나요?

1961년 5월 16일 쿠데타로 권력을 찬탈한 박정희는 정치적 조급증에 시달렸습니다. 비록 민정 이양을 통해 대통령 선거를 거치기는 했지만, 그것으로 정통성을 부여받기는 어려웠어요. 그래서 가시적인 성과를 국민에게 보여 주고자 했습니다. 그것이 졸속적인 한일 회담 추진의 배경이 되었습니다.

마침 1960년대에 들어서며 미국은 새로운 동아시아 전략의 일환으로 한일 간의 국교 정상화 문제를 강력히 제기하고 나왔어요. 군사 쿠데타를 승인해 주는 대가로 비교적 말을 잘 듣는 박정희 정권을 통해 한일 간 국교를 정상화시키고자 했습니다. 이를 통해 동아시아에서 소련의 남하 정책을 저지하고 중국을 견제한다는 것이 미국의 기본 전략이었어요.

한일 국교 정상화는 이승만 정권 이래 두 나라의 현안이기도 했습니다. 10여 년에 걸친 교섭에서도 타결점을 찾지 못한 상태였어요. 자유당 정부에 이어 4·19 혁명으로 집권한 민주당 정부도 1960년 10월 25일 제5차 한일 회담을 가졌으나 이후 5·16 쿠데타로 중단되었어요.

　박정희 군사 정부는 미국의 원조가 대폭 삭감된 상황에서 5개년 경제 개발 계획을 실현할 재원 확보가 시급했습니다. 여기에 미국의 지역 통합 전략, 일본의 자본 해외 진출 욕구 등이 맞아떨어지면서 한일 회담은 다시 적극적으로 추진되었어요. 여기에는 박정희를 비롯한 군사 정권 핵심 요인들의 친일 성향도 빼놓을 수 없습니다. 이들은 대부분이 일본 육사와 만주 군관학교 출신들로서 일본에 애정과 향수를 갖고 있었지요.

　이런 요인들로 인해 1961년 10월 20일 제6차 한일 회담이 재개되었는데, 합의는 했지만 국내의 격렬한 반대 분위기로 타결이 늦어지고 있었어요. 이에 정부는 비밀리에 김종필 중앙정보부장을 특사로 파견, 이케다 수상과 비밀 회담을 하고, 이면 합의를 추진합니다. 한국의 거듭된 양보에도 일본은 버티기 전략으로 맞섰어요.

　박정희 정권은 충분한 검토 없이 감행한 화폐 개혁의 실패로 경제 상황이 매우 불안정한 상태였기에 한일 회담의 타결을 서둘렀습니다. 김종필이 다시 일본으로 건너가 회담을 갖고 비밀 메모(김종필-오히라 메모)를 통해 대일 청구권 문제 등에서 우리에게 크게 불리한 조건에 합의합니다.

　이에 따라 일본은 무상 자금 3억 달러를 10년간에 걸쳐 지불하고, 경제 협력 명목으로 정부 간 차관 2억 달러와 무역 차관 3억 달러를

제공하기로 약속했습니다. 그러나 이 돈은 '대일 청구권'이라는 용어도 사용하지 못하고 '독립 축하금'이란 이름으로 지급됩니다. 일제 35년 식민 통치에 따른 배상 문제를 이런 식으로 끝내 버린 겁니다. 특히 한국 정부가 나서서 독도를 폭파해서 분쟁의 요인을 없애자는 황당한 발언을 하는 등, 그야말로 굴욕적인 협상이었어요.

정부는 야당과 학생들의 격렬한 반대 투쟁을 위수령·계엄령으로 억압하면서 1965년 6월 22일 한일 기본 조약을 체결합니다. 한국 외무장관 이동원, 한일 회담 수석대표 김동조와 일본 외상 시나 에쓰사부로, 수석대표 다카스기 신이치 간에 '대한민국과 일본국 간의 기본 관계에 관한 조약'(기본 조약)과 부속된 4개의 협정 및 25개의 부속 문서로 된 '한일 협정'을 일괄 타결했어요.

이 협정에 의해 1952년 우리나라 정부가 선포한 해양 주권 구역인 '평화선'이 철폐됩니다. 우리 측의 40해리 전관 수역이 철회되고 일본 주장대로 12해리 전관 수역이 설정되었습니다.

또한 재일 교포의 법적 지위 및 영주권 문제 등이 일본 정부의 임의적 처분에 맡겨지고, 문화재 및 문화 협력에 관한 협정으로 일제가 불법으로 강탈해 간 모든 한국 문화재를 일본의 소유물로 인정합니다. 사할린 교포·원폭 피해자 등의 문제는 거론조차 하지 못한 채 그야말로 졸속·굴욕 회담으로 끝나게 되었습니다.

19 다른 나라는 과거 청산을 어떻게 했나요?

　제2차 세계 대전이 끝나면서 대부분의 나라에서는 국가와 민족을 배반한 반역자들을 처벌했습니다. 프랑스·독일·스페인·러시아·칠레·아르헨티나·남아공·알제리 등이 그랬지요. 당연한 일인데 우리나라만 예외였습니다. 부끄러운 현상입니다.
　프랑스는 독일에 점령된 시기가 4년여에 불과했지만, 민족 반역자

들을 철저하게 응징했습니다. 2071명에게 사형을 선고하고, 3만 9900명에게 유기 징역형을 내렸어요. 벨기에는 5만 5000여 명, 네덜란드는 5만여 명을 징역형에 처합니다.

미군 점령하 일본에서는 연합국의 주도로 수상 도조 히데키 등 A급 전범 7명이 처형되고 18명이 무기 징역형을 선고받았어요. 21만여 명이 공직에서 추방되었습니다.

독일의 경우 뉘른베르크 전범 재판소는 12명에게 사형, 3명에게 종신형, 4명에게 12~20년의 징역형을 선고했어요. 독일 정부는 이와 별도로 30여 년 동안 9만여 명을 기소하여 5000여 명을 유죄 판결합니다. 사형 제도가 폐지되기 전까지 12명을 처형하고 158명을 종신형에 처했으며, 나머지 거의 모든 피의자에게 유기형을 선고했습니다.

민족 반역자에 대한 응징은 아시아 국가들도 별 차이가 없었어요. 중국·대만·태국 등에서도 엄격한 처벌을 했습니다. 대한민국만이 반역자들에 대한 처벌이 흐지부지되고 한 걸음 나아가서 그들이 득세하여 '친일파 세상'이 되었어요.

과거 청산에 있어서 프랑스가 가장 모범적이고 성공적인 경우로 평가받습니다. 프랑스는 당초 반민족 행위자를 '반인륜 범죄자'로 규정했어요. 그러니까 초기에는 '친독파'를 반민족 행위자로 규정했다가 강화된 형법에서 '반인륜 행위자'로 폭을 넓혀 엄하게 처벌했어요. 그뿐만 아니라 공소 시효를 없앰으로써 과거 행적이 드러나면

언제든지 체포하여 처벌을 가능케 했습니다. 최근까지도 나치 협력자를 체포하여 재판에 회부시키고 있습니다.

프랑스가 이처럼 엄격하게 민족 반역자들을 처벌할 수 있었던 것은 드골을 중심으로 하는 레지스탕스 운동의 지도자들이 권력을 장악하고, 이들을 프랑스 국민이 지지했기에 가능했어요. 다른 나라들도 모두 독립운동 세력이 해방 후에 집권했습니다. 드골은 나치 협력자들을 단호하게 숙청한 이유를 이렇게 설명했어요.

"나치 협력자들의 엄청난 범죄와 악행을 방치하는 것은 국가 전체에 전염하는 흉악한 종양과 종기를 그대로 두는 것과 같다. 그들을 정의의 법정에 세우지 않으면 안 된다."

프랑스에서는 공무원이나 기업인보다 언론인·교수·지식인들을 훨씬 엄중하게 처벌했어요. 이들은 도덕적 상징이면서 파급 효과와 영향력이 컸기 때문입니다. 프랑스의 작가 카뮈는 "과거의 잘못된 범죄에 대해 처벌하지 않는 것은 미래의 범죄를 용인하는 행위"라고 설파했어요.

20 왜 '3·1 운동'이 아니라 '3·1 혁명'인가요?

1919년 3월 1일을 시작으로 두 달 동안 전개된 3·1 혁명은 우리 민족사의 대전환을 이룬 혁명적인 거사였습니다. 국권이 강탈당한 지 9년 만에 온 국민이 하나가 되어 일제와 싸웠습니다.

1910년 한민족은 4000년 역사, 3000리 강토, 2000만 국민이 일제에 짓밟히고, 노예가 되었어요. 그로부터 9년 만에 자주독립을 선언하면서 왜적의 총칼에 맞섰습니다. 전국에서 1542차례 독립 만세의 집회가 열리고, 한민족이 거주하는 해외 곳곳에서도 만세 시위가 전개되었습니다.

독립 만세 시위는 지역·성별·종교·이념을 가리지 않고, 소수의 친일파를 제외하고는 모두 함께 나섰어요. 유사 이래 처음 있는 일이었습니다. 세계 혁명사에서도 유례를 찾기 어려운 거사였어요.

3·1 혁명에는 세 가지 원칙이 제시되었습니다. 비폭력, 독립운동의 일원화, 대중화가 그것입니다. 그럼에도 일제는 비폭력 항쟁에 무자비한 살상을 자행하여 사망자 7500여 명, 부상자 1만 6000여 명, 피검자 4만 5000여 명, 종교 시설 소실 47개소 등에 이르는 만행을

저질렀어요.

3·1 혁명은 일제로부터 자주독립의 선언임과 동시에 근대적 시민 혁명의 전환점이 되었습니다. 봉건 군주제에서 곧바로 일제 식민지로 전락하면서 근대적인 시민 혁명의 과정을 거치지 못한 우리나라는 3·1 혁명을 계기로 민족 해방 투쟁과 사회 혁명을 함께 수행하게 되었어요.

첫째, 민주 공화제가 제시되었습니다. 3·1 혁명 당시 도처에 살포된 지하 신문인 〈조선독립신문〉에는 '민주 공화제'가 제시되고, 민족 대표들은 재판 과정에서 일제 판사가 "조선이 독립되면 어떤 나라를 세울 것이냐"라는 심문에 하나같이 '민주 공화제'를 주장했어요. 1919년 4월 상하이에서 수립된 대한민국 임시정부가 이를 수용했습니다.

둘째, 4000년 동안 가부장 질서에 신음하던 여성들이 처음으로 역사 현장에 조직적·집단적으로 참여한 것입니다. 주로 기독교와 천도교 계열 여성들이 많았지만, 농민·어민·심지어 해녀들까지 만세 시위에 가담함으로써 여성 해방의 계기가 되었습니다.

셋째, 신분 해방입니다. 백정·광대·기생 등 하층민들까지 자진해서 3·1 혁명에 참여함으로써 전통적인 신분 질서가 해체되고 인간 평등의 가치관을 인식하기에 이르렀습니다.

넷째, 비폭력 평화 시위였습니다. 일제의 무자비한 살육에 일부 지

역에서는 분노한 민중이 경찰서에 방화하거나 왜경을 살해한 경우도 있었지만, 대체적으로는 비폭력으로 진행되었습니다. 이 역시 세계 혁명사에 유례가 드문 일입니다.

다섯째, 우리의 3·1 혁명이 중국의 5·4 운동은 물론, 인도와 베트남, 중동 등 세계 각지의 식민지 국가에서 벌이는 반제국주의 민족 해방 운동의 촉진제가 되었습니다. 중국에서는 조선의 독립 정신을 배우자는 목소리가 울리고, 영국의 식민지였던 인도에서는 독립 운동의 지도자 네루가 옥중에서 어린 딸에게 "너도 크면 조선의 소녀들처럼 독립운동에 나서라"라고 편지를 썼답니다.

여섯째, 3·1 혁명의 영향을 받은 청년들이 해외로 망명하여 독립 운동에 나서면서 항일전에 불이 붙었습니다. 1920년 봉오동 전투와 청산리 전투 등 무장 투쟁의 계기가 되었어요.

일곱째, 국내에서는 각종 지하 단체가 속속 조직되었고, 노동·청년·여성·야학 운동 단체들이 조직되어 항일 운동의 기반이 되었습니다.

무엇보다 중요한 것은 얼마 후 상하이에 대한민국 임시정부가 수립되어 국권 회복 투쟁을 전개하게 되었다는 사실입니다. 1919년 4월 11일 상하이 프랑스 조계지에 수립된 임시정부는 의정원(국회)을 먼저 구성하고 정부를 수립했습니다.

정부 수립 과정에서 군주제·사회주의 국가 수립 등 논란이 있었으나 의정원은 토의 끝에 민주 공화제를 채택하고 민주적인 절차에 따라 정부를 운영했어요. 일제의 끊임없는 탄압과 추적, 극심한 재정난, 이념적 갈등이 따랐지만, 일제 패망 때까지 임시정부는 독립운동의 중심 기관으로서 조국 해방 투쟁의 과업을 수행했습니다. 그러니 '3·1 혁명'으로 불러야 마땅하지요.

5

국민적·역사적 과제, 친일파 청산

21 일본은 왜 강제 징용 피해 등에 배상을 안 하나요?

　일제는 1937년 7월에 도발한 중일 전쟁이 소모전으로 장기화되면서 조선에서 병력과 물자 수탈을 강화하고 노동자를 강제로 동원합니다. 이를 위해 1938년 4월 국가 총동원법을 공포한 데 이어 이듬해에는 국민 징용령을 공포했습니다.

　본격적인 징용령이 시행된 것은 1944년 9월입니다. 만 14~40세까지의 남자가 그 대상인데 이 중 20~30세 청년들을 1차로 끌고 갔어요. 이에 앞서 학도 지원병제를 실시하여 학생들을 전쟁터로 동원했습니다. 말이 '지원병'이지 실제로는 강제 동원이었습니다.

　일제가 패전할 때까지 징병과 징용 등으로 끌고 간 조선인은 총 800만 명에 달하고 이 중 202만 명이 일본의 침략 전쟁에 동원되었어요. 또 국민 근로 보국 협회령을 통해 14세 이상 25세 미만의 여자들까지 끌고 갔어요. 얼마 후에는 그 대상을 40세 미만으로 넓혀서,

결혼한 여성들까지 마구잡이로 끌고 갔습니다.

강제 동원된 조선인 노동자들은 일본의 탄광·금광·토목 공사 등에 투입되어 강제 노역에 시달렸습니다. 부실한 음식은 물론이고 채탄 과정에서 사상자가 속출했고, 견디다 못해 탈출하다 붙잡히면 극심한 고문을 당했습니다. 어린 소녀들을 방직 공장에서 노동자들의 의복을 빨래하고 밥 짓는 일을 한다고 속여서 끌고 가서는 '일본군 성노예제'의 피해자로 만들었어요. 이런 만행을 저지르고도 일본

정부는 한마디 사과도 하지 않았습니다. 심지어 일본 기업과 사적으로 계약을 맺고 일한 대가인 체불된 임금조차도 배상하지 않고 있습니다.

　1965년 한일 국교 정상화 과정에서 맺은 '대한민국과 일본국 간의 기본 관계에 관한 조약'으로 모든 게 해결되었다고 억지를 쓰고 있습니다. 그러면서도 일본은 태평양 전쟁 기간 3~4년 동안 점령·지배했던 동남아 각국에는 5~10억 달러의 배상금을 지불했습니다. 이에 비하면 한국에 지불한 돈은 턱없이 부족해요. 일본 정부가 뻔뻔하고 오만한 탓도 있지만 굴욕적인 한일 회담을 주도한 박정희 정부의 외교적 실책에도 그 책임이 있습니다.

22 일제 강점하 반민족 행위 진상 규명에 관한 특별법이 뭔가요?

반민족 행위자. 즉 친일파를 처벌하는 반민 특위가 이승만 정권에 의해 해체된 이후 긴 세월 동안 이 문제는 허공에 떠돌았습니다. 그러던 중 노무현 정부 때 국회에서 2004년 3월 '일제 강점하 친일 반민족 행위 진상 규명에 관한 특별법'(약칭 반민 특별법)이 제정되고, 같은 해 10월 '일제 강점하 친일 반민족 행위 진상 규명에 관한 특별법 시행령'이 공포되었어요.

반민 특위 해체 후 반세기 만에 국가 차원에서는 처음으로 법이 제정되고, 시행령에 따라 '친일 반민족 행위 진상 규명 위원회'가 설립되었습니다. 2005년 5월 31일이지요. 이것은 세계 여러 나라의 과거 청산 방법 중에서도 가장 온건한 방식에 해당합니다.

위원회의 주요 업무는 친일 반민족 행위 조사 대상자 선정, 친일 반민족 행위의 조사, 친일 반민족 행위 관련 국내외 자료 수집 및 분석, 조사 대상자의 친일 반민족 행위 결정, 진상 규명 보고서 및 발간 등입니다.

위원회는 대통령 소속으로서 위원장 1명, 상임위원 1명, 위원 9명 등 모두 11명으로 구성되고 초대 위원장은 강만길, 제2대 위원장은 성대경이 맡았어요. '친일 반민족 행위 진상 규명 위원회'는 1006명에 대해 반민족 행위 결정을 내렸습니다. 선정된 친일파의 행위를 담은 총 25권 분량의 보고서를 발간했고, 2009년 11월 활동을 종료했습니다.

'반민 특별법'의 제1조에는 다음과 같은 '목적'이 실려 있습니다.

제1조(목적)
이 법은 일본 제국주의의 국권 침탈이 시작된 러일 전쟁 개전 시부터 1945년 8월 15일까지 일본 제국주의를 위하여 행한 친일 반민족 행위의 진상을 규명하여 역사의 진실과 민족의 정통성을 확인하고 사회 정의 구현에 이바지함을 목적으로 한다.

23 『친일인명사전』은 어떻게 만들어졌나요?

친일 행위자에 대한 기록을 남기기 위해 일찍부터 나선 곳이 민족문제연구소입니다. 민족문제연구소는 친일파에 의해 와해된 반민특위 정신을 계승하고 친일 문제 연구에 평생을 바친 임종국 선생의 유지를 잇고자 1991년에 설립됐어요.

민족문제연구소는 출범 이래 친일파 관련 문헌 자료 수집을 시작했고, 2001년 말 학자와 전문가 등 150여 명으로 편찬 위원회를 구성했으며, 각 분야별 전문가 180여 명이 집필 위원으로 선정되었습니다.

편찬 위원회는 객관성과 공정성을 갖추기 위해 노력했어요. 먼저 일제 강점기의 공문서·신문·잡지 등 3000여 종의 문헌 자료를 수집하고 분석했습니다. 이를 토대로 약 300만 건의 인물 정보를 데이터베이스로 구축하고 2만 5000명의 친일 혐의자 모집단을 추출하여

20여 개의 전문 분과 회의에서 심의를 거쳤으며 자문 위원회의 최종 자문을 받아 선정했어요.

『친일인명사전』 발간 비용은 민족문제연구소의 회원과 시민들 3만 명이 보낸 7억 원이 넘는 성금으로 충당했습니다. 수록 대상자 선정은 주관적 평가나 판단을 피하고 자료에 기초한 객관적 사실만을 서

술하는 것을 원칙으로 하고, 서술 범위는 전 시기의 경력과 행적을 포함하되 (민족 운동 경력, 해방 이후 경력·행적 포함), 일제 강점기 친일 경력과 행적을 중심으로 했어요.

이 같은 원칙으로 일제 강점기 친일파 4389명의 행적을 기록한 3000쪽 분량의 『친일인명사전』 3권이 2009년 11월 간행되었습니다.

수록된 인물 중에는 박정희 전 대통령, 장면 전 국무총리, 현상윤 전 고려대 총장, 김성수 동아일보 전 사주, 방응모 조선일보 전 사주, 김활란 전 이화여전 교장, 이숙종 전 성신학교 교장, 작가 이광수, 역사가 최남선, 음악가 안익태·현재명, 무용가 최승희, 언론인 장지연·박희도·이훈구, 시인 서정주·모윤숙·김용제, 종교인 정인과·강대련·이종욱·전필순·허영호·양주삼, 화가 김기창·김은호, 33인 민족 대표였던 최린 등이 포함되었습니다.

24 독립운동가 후손과 친일파 후손은 어떻게 살고 있나요?

"독립운동을 하면 3대가 망하고 친일파는 영원히 잘산다"는 말이 있지요. 외국인이 들으면 이상한 나라로 여길 만큼 안타까운 말이지만 현실은 더욱 가혹합니다. 의병운동을 포함해 독립운동 후손의 고난은 3대가 아니라 4~5대까지, 심하면 그 이상 갑니다.

일제는 우리 독립운동가들을 가혹하게 탄압했어요. 전국에 감옥을 지어 투옥했고 그곳에서 고문을 당해 죽음에 이른 사람도 적지 않았습니다. 그래서 해외로 나가 활동한 분들도 많았어요. 인도나 필리핀 등 다른 식민지 나라는 국내에서 독립운동을 할 만한 여건이었지만 우리는 그러지 못했어요.

일제는 독립운동가 가문을 철저하게 탄압했습니다. 집안 자제들은 사회 활동이나 취업이 불가능하고 해외 유학은 꿈도 못 꾸었지요. 가난과 질병이 대물림되면서 극빈층으로 전락했습니다. '연좌제'를 만들어서 독립운동과 상관도 없는 친인척들을 처벌했어요.

해방이 되면서 당연히 바뀌어야 했지만 그러지 못했습니다. 일제가 패망하면서 남긴 귀속 재산은 미군정과 이승만 정권에서 힘 있는 자들에게 넘어갔어요. 독립운동가의 몫은 없었습니다.

친일파들은 이를 기반으로 기득권층이 되었습니다. 그 자제들은 해외 유학을 가거나 좋은 대학에 보내 전문가로 키울 수 있었으나, 극빈층의 독립운동가 자손들은 그러지 못했습니다. 지배와 피지배, 부자와 빈곤자의 위상은 해방 후에도 전혀 바뀌지 않았어요.

독립운동가 후손 중에 선대의 명망으로 장관, 국회의원, 자치 단체장, 국영 기업체 대표 등을 지낸 이들도 있긴 해요. 하지만 극소수에 불과하고 대부분은 힘겹게 살아갑니다. 교육도 제대로 못 받았고 살림도 어렵습니다.

이승만 정부에서 최규하 정부까지(1948~1980)의 국무총리와 국무위원 321명 중 42%인 135명이 일제 강점기에 판사·검사·변호사·군수 등 고위직 출신이고, 같은 시기 시·도지사, 삼군참모총장, 대법관 포함 총 535명 중 46.3%인, 248명이 친일 경력자입니다.

이승만 정권 12년 동안 배출한 8명의 육군참모총장 중 일본 육사 출신이 5명, 만주군 출신이 2명, 지원병 출신이 1명으로 광복군이나 민족 해방 운동에 참여한 인사는 1명도 없었습니다.

학계·언론계·예술 문화 등 국가 전반에 걸쳐 이와 비슷한 현상을 보이고 있어요. 그들은 동류의식이 강해서 함께 기득권을 지키고 이권을 나누면서 해방된 조국에서 떵떵거리며 살았습니다. 반면에 독립운동가 후손들은 피눈물을 쏟으며 견뎌야 했지요.

　국가에서 보훈 사업이 진행되었으나 문제는 선대의 독립운동 자료를 후손들이 입증하도록 했다는 것입니다. 넉넉지 않은 살림에 선대의 독립운동 활동지였던 중국·러시아·미주·일본 등지로 가서 기록을 찾는 일이 쉽지 않습니다.

　박완서 작가가 1982년에 발표한 소설 『오만과 몽상』에 이런 대목이 나옵니다. "매국노는 친일파를 낳고, 친일파는 탐관오리를 낳고, 탐관오리는 악덕 기업인을 낳고… 동학군은 애국투사를 낳고, 애국투사는 수위를 낳고, 수위는 도배장이를 낳고…." 지금은 당시와 얼마나 달라져 있을까요?

25 애국가를 친일파가 작곡했다는데 정말인가요?

　국경일이나 국가 기념일 그리고 각종 행사에서는 순국선열에 대한 묵념과 애국가를 합창합니다. 세계 각국은 국기·국가·국화·국립묘지 등을 갖고 있어요. 이들은 국민을 통합하고 역량을 한데 모으는 역할을 합니다. 우리나라 국기는 태극기, 국가는 애국가, 국화는 무궁화예요. 국가 추모 시설로는 현충원이 있습니다.

　그런데 애국가를 둘러싸고 논란이 벌어진 지 오래입니다. 애국가는 독립운동가 안창호가 1907년 3월 무렵 선천 예배당에서 스코틀랜드 민요인 '올드 랭 사인'에 가사를 붙여 부른 게 그 시초입니다. 예배를 드릴 때 부르던 '백두산과 두만강'이라는 찬미가에서 영감을 얻은 안창호는 우리나라 사계절을 배경으로 하는 가사를 지어요. 교회를 중심으로 널리 불리게 된 이 '애국찬미가'가 바로 오늘날 우리가 부르는 애국가의 원형입니다.

　문제는 작곡가입니다. 안익태는 1906년 평양에서 태어나 평양보통학교와 숭실학교를 다니다가 1921년 일본 도쿄의 세이소쿠 중학교에 음악 특기생으로 입학해 중학교 과정을 마쳤습니다. 1926년 도쿄

고등음악학원에서 첼로를 전공하고 1930년 졸업 후 미국으로 건너 갔어요.

미국에서 신시내티 대학교 음악원, 템플 대학교 음악대학원에서 첼로와 지휘를 배우고, 카네기홀에서 독주회를 갖는 등 첼리스트로 활약합니다. 1935년 12월 28일 미국의 한인 예배당에서 자신이 창작한 애국가의 새 곡조를 연주했다고 합니다. 1938년 아일랜드의 더블린 방송 교향악단을 객원 지휘했고, 이후 헝가리에 머물면서 이탈리아, 독일, 유고슬라비아, 루마니아, 불가리아 등 유럽 각지의 관현악단을 지휘합니다.

그는 1938년 '관현악을 위한 환상곡 에텐라쿠'를 발표했어요. 원래 '에텐라쿠'는 일본의 궁중 음악입니다. 일왕 즉위식 때 연주하는 노래로 일왕에 대한 충성을 주제로 해요. 안익태는 유럽 각지를 순회하며 이런 노래를 지휘하고 연주했습니다.

1941년부터 독일 베를린으로 옮겨 히틀러 나치 제국의 음악원 총재인 슈트라우스와 '독일과 일본협회'의 후원을 받으며 활동합니다. 그러면서 일본 왕가를 찬양하는 '일본 축전곡'을 비롯, 각종 친일 음악을 연주합니다. 1942년에는 일제가 만주에 세운 괴뢰국인 만주국 건국 10주년을 경축하는 '만주국 축전곡'을 완성합니다.

1943년에는 독일 나치 정부의 제국 음악원 회원으로서 독일 점령지인 프랑스에서 '일본 축전곡'을 연주하기도 합니다. 독일 패망 후에

는 스페인으로 가서 마요르카 교향악단 상임 지휘자로 취임해요.

적극적인 친일 행각에도 불구하고 1948년 8월 대한민국 정부가 수립되면서 그가 작곡한 '애국가'는 '국가'처럼 됩니다. 1955년에는 한국을 방문해 '이승만 대통령 탄신 제80주년 기념 음악회'를 지휘하고 제1호 문화포상을 받았습니다.

1965년 스페인에서 사망하자 박정희 정부는 국민훈장모란장을 추서했고, 1977년 7월 국립 서울현충원 국가 유공자 제2 묘소에 묻혔어요. 그러나 역사는 진실을 외면하지 않습니다. 그는 민족문제연구소가 발간한 『친일인명사전』에 친일파로 그 이름을 올립니다.

26 국립묘지에 친일파가 묻혀 있다는데 정말인가요?

여기는 민족의 얼이 서린 곳
조국과 함께 영원히 가는 이들
해와 달이 이 언덕을 보호하리라

서울현충원과 대전현충원 등 모든 현충원 현충탑에 새겨진 글귀입니다. 어느 나라나 국가와 민족을 위해 헌신한 순국선열과 애국자들을 기리는 국립묘지가 있지요. 우리나라에는 국립서울현충원과 국립대전현충원이 있습니다. 여기에는 국가가 나라를 위해 애쓴 분들을 모심으로써 국민의 귀감으로 삼고 국가적 명예와 국민의 애국심을 드높이는 의도가 있습니다.

그런데 이런 신성한 현충원에 친일파가 다수 묻혀 있어서 설립 정신에 위배됨은 물론 민족정기와 사회정의에 배치된다는 의견이 거세게 제기되고 있어요.

현재 서울과 대전의 현충원에는 63명의 친일파가 묻혀 있습니다. 정부 기관인 '친일 반민족 행위 진상 규명 위원회'에서 지목하거나 『친일인명사전』에 등재된 인물들이지요.

주요 인물은 김백일, 백선엽, 김홍준, 김창룡, 신태영, 이응준, 이종찬, 백낙준, 김석범, 백홍석, 송석하, 신현준 등입니다. 김백일의 경우 1938년부터 일제가 만주에 세운 간도특설대에서 활동하고 그 공로로 일본으로부터 만주국 훈장 훈5위 경운장까지 받은 인물이지요. 간도특설대는 1930년대 후반부터 가장 악랄하게 우리 독립운동가들을 탄압한 조직입니다. 그는 일제가 패망하자 간도특설대의 해산 업무까지 맡은 철저한 친일 행위자였습니다.

또 한 사람은 김창룡입니다. 그는 일제의 헌병오장(하사)으로 악질 행위를 일삼고 해방 후 북한에서 소련군에 체포되었다가 남한으로 탈출, 이승만 정권에서 각종 정치 공작을 자행합니다. 그중 하나가 백범 김구 암살 사건이었습니다. 이를 주도한 자가 국립묘지에, 그것도 애국지사와 함께 묻혔다는 사실 자체가 비극이 아닐 수 없지요. 그는 현재 김구 선생의 어머니인 곽낙원 여사 묘소 가까운 곳에 묻혀 있어요.

현충원에 묻힌 친일파들은 독립운동가들을 탄압하고, 해방 후 혼란기에 국방경비대를 거쳐 국군 장교가 되었습니다. 백선엽과 김홍준, 김석범, 송석하, 신현준은 간도특설대에서 복무했고, 이종찬은 일본군 소좌 출신으로 일제로부터 무공훈장인 금치훈장을 받았어요. 신태영은 일본군 중좌 출신이고 백홍석과 이응준은 일본군 중좌와 대좌로 각각 복무했습니다. 해방 후 초대 연세대 총장과 제2대문교부 장관을 지낸 백낙준은 교회 신도들을 대상으로 일제의 침략 전쟁에 쓰일 전투기 헌납 운동을 벌였어요.

오늘날 독립지사들에 대한 예우와 비교해 보면 이것이 얼마나 불합리한 일인지 분명히 알 수 있습니다. 김구, 윤봉길, 이봉창, 백정기 의사 등은 서울 용산구 효창공원에 묻혀 있고 안중근 의사는 유해를 찾지 못해 효창공원에 가묘를 모신 상태입니다. 손병희, 김창숙, 이시영, 여운형, 신익희 등은 서울 강북구 북한산 자락에 흩어져 묻혀 있습니다.